Josef Steidle

GLAUB'N MÖCHST AS NET

JOSEF STEIDLE

Glaub'n möchst as net

VERLAG R. S. SCHULZ

Inh.: Dr. h. c. Rolf S. Schulz
8130 Starnberg-Percha, Berger Straße 8 bis 10
Telefon 0 81 51 / 14 90, Telex 526427 buch
Telefax (0 81 51) 1 49 56

Einbandentwurf: Typobild Günter Becker
Titel: Amalie Steidle
Grundschrift: Linotype Garamond-Antiqua
Gesamtherstellung: SOV Graphische Betriebe, 8600 Bamberg
ISBN 3-7962-0518-6

Sie erreichen uns auch über

Bildschirmtext
* 30717 #

Inhaltsverzeichnis

Seite

Der G'sünda

Er hat net trunga, hat net g'raucht,
hat bloß Reformkost g'ess'n.
Er hat a nia an Doktor braucht,
er is der G'sünda g'wes'n.

„Du werst amoi g'wiß hundert Jahr",
ham d'Freind eahm prophezeit.
Doch gestern war's mit oam Schlag gar;
vorbei war halt sei Zeit.

An Überblick hat er verlor'n,
beim über d'Straßen laaffa.
In drei Tag waar er Fuchzge worn.
– Reformkost wollt' er kaaffa. –

Der Kränka

Er war als Bua scho blaß und schwach.
Kaam is a Lüfterl ganga,
na is er g'leg'n und lang danach
hat er sich erst dafanga.

War'n and're krank, na war er kränker,
war'n and're g'sund, na war er krank.
Er war grad's Geg'nteil vom Luis Trenker,
doch todkrank nia net, Gott sei Dank.

Weil er oiwei a Halber war,
is er Schreibtisch-Beamter worn,
doch in de nächsten guat zwanz'g Jahr
hat er as kränkeln net verlorn.

Drum ham s' eahm, wia er „Fuchzge" war,
ganz gern an Ruhestand otrag'n.
Ham g'moant, es waar a so bald gar,
soll sich bis dahin nimmer plag'n.

Doch von dem Zeitpunkt is' mit eahm
g'sundheitlich täglich aufwärts ganga.
Wer denkt denn da an's Kranksei, Steam?
Er hat all's Mögliche og'fanga.

Hat mit'm Auto, mit der Bahn,
Flugzeug und Schiff de Welt o'gschaugt.
Is jetzt mit „Neunzge“ no am Plan,
war nia mehr krank, 's hat eahm grad taugt.

„Guat hundert Jahr möcht i scho wern“,
sagt er, und seine Aug'n, de blitz'n,
„i taat halt no, wenn's gaang, recht gern,
a weng mei Pension ausnützen.“

Der G'scheiter

Er war scho in der Schul' der G'scheiter.
Aa später is eahm alles g'leg'n.
Er war der Erste, aber leider,
ham s' 'n als Mensch halt nirgends mög'n.

Was huift da G'scheitheit, was liegt dro,
wenn Herz und Gmüat fehl'n und as Gfui.
Was hat ma denn als Erster scho,
wenn oan auf dera Welt neambd wui!

Drum is mi'm G'scheitsei oft a G'frett.
Ma is vielleicht der Erste.
Der Beste aber is ma net.
Des z'lerna is wohl 's Schwerste.

Der Dümma

Kon mia oa Mensch sag'n, warum daß i
dümmer wia der Allerdümma bi?
I hab's aa net g'wußt, aber mei Lehrer
hat's ganz offen kund to, zu mia hera.
„All's is z'spät bei dir, du lernst es nimma.
Du bist dümmer wia der Allerdümma",
hat er g'sagt. Jetzt hab i Schwierigkeiten,
denn i kon den Unterschied net deiten,
zwischen dumm und dümmer, Allerdümma,
und no dümma wia der Allerdümma.

Wenn i wüßt, wia dumm a Dumma is,
und wia dumm der is, der dümmer is,
und wia dumm der Allerdümma is,
wüßt i aa, wia dumm daß oana is,
der no dümma wia der Allerdümma is.

Daß i's inne wer', is net dös Dümma,
i frag unser'n Oberlehrer Wimma.
Wia ma woaß, is er der Allerg'scheita.
Der huift aa de Allerdümman weita.

Wennst guat aufg'legt bist

In der Früah beim Brausen scho a Arie g'sunga,
beim Spazier'ngeh dann über a Bacherl g'sprunga.
A paar schöne, flache Kieselstoa aufg'hob'n,
seidenglänzende Kastanien ei'g'schob'n.
Kinder zuag'schaugt, mi an eahnam Sandspui gfreit,
a ganz freche Spatzenschar beim Strei'n dableit.
Längst vergeß'ne Volksliader vor mi hig'summt,
und an Humme g'hört, der in ra Blüt'n brummt.
Oamoi wieder laut von Herzen ausseg'lacht,
und mit oide Freind a echte Gaudi g'macht.
Oafach so, ganz ohne Grund, an Schlager pfiffa.
Und auf oan Schlag, wia no nia im Leb'n begriffa:
Wennst guat aufg'legt bist, macht all's, was tuast, a Freid.
Jeder Augenblick, der gibt dir Z'friedenheit.
Ja, dös waar a Leb'n, voll Freid dös ganze Jahr,
wenn ma jeden Tag guat aufg'legt waar.

Was wollt' i doch glei wieder toa?

Was wollt' i doch glei wieder toa?
Jetzt hab i 's glatt vergessen.
Grad hab i 's doch no g'wußt. I moa,
es is nix B'sonders g'wesen.

Wenn 's aber doch was Wichtig's war?
I kaant mi glei neibeißen!
Daß 's i von Stund zu Stund sogar
vergiß. Zum Haar ausreißen!

Waar heit Theaterabend gwen?
Jetzt auf oamoi fallt mia des ei.
Doch i kaam z'spät, aa wenn i renn.
Wia kon ma so vergeßlich sei!

Grad dös Stück hätt' i so gern g'sehng,
's soll extra guat sei, hab i g'lesen.
I hätt' mia 's lang scho oschaug'n mög'n.
Es hoaßt: Hast du auch mich vergessen?

Dös san Vorsätz

Statt ara Schüssel mit Salat
wieder an Schweinsbra'n g'essen.
Und statt am kloan Spaziergang fast
a Stund lang Zeitung g'lesen.
Anstatt zwoa Glasl Selterswasser
zwoa volle Maßkrüag g'leert.
Und statt a G'spräch g'führt mit der Frau
an Sportbericht og'hört.
Statt konzentriert Gymnastik trieb'n
de Fernsehsendung g'sehng,
daß ma sich g'sund ernähren soll
und täglich vui beweng.
Am nächsten Tag wia allawei
grundg'scheite Ratschläg geb'n,
wia sich de Leit verhalten solln,
damit s' recht lang g'sund leb'n.

Zünftig beinand

Da sitzen de, de allawei da sitzen,
de eahna Mundwerk meistens guat benützen.
Da werd dischkriert und g'lacht, politisiert
und über Tod und Teife spintisiert.
Da geht's um d'Viecher grad so wia um d'Leit,
um g'wöhnliche und um de Geistlichkeit.
Um's Weda geht's und dann zur rechten Zeit
ganz selbstverständlich aa um d'Weiberleit.
Da sagt ma leichter was oan druckt und brennt,
als sonstwo, wo ma d'Leit net so guat kennt.
Da genga de hi, de sich ausre'n woll'n;
und and're, de beim Zuahörn sich erhol'n.
Nach Feierabend sitzen s' da beinand
und nach'm Kirchagang im Sonntagsg'wand.
De oan ham wegam Stammtisch a recht's G'frett,
de andern wieder überhaupts gar net.
De oan halten halt Zeit ei ganz genau,
de andern kemma oiwei z'spät zur Frau.
Am Stammtisch is' fast oiwei richtig zünftig.
Und manchmoi kon scho sei aa hinterkünftig,
wenn grad deselln odraahten, g'feiten Socka,
de sich scho dreiß'g Jahr kenna, z'sammahocka.
Da geht's na her und hi und her, oh mei!
Beleidigt därf da freilich koana sei.

Zwar kimmt's scho amoi vor, daß ma sich streit';
doch sowas dauert net a Ewigkeit.
An eahnam Stammtisch, ja, da kenna d'Manna
sich jederzeit, wenn s' woll'n, so recht entspanna.
Und mancher braucht koan Psychologen net,
wenn er zum Stammtisch regelmäßig geht.
A so a Stammtisch is, wenn ma's bedenkt,
a Lebensborn, der wo oan G'sundheit schenkt.

Wenn i nach Andechs gaangat

Wenn i nauf nach Andechs gaangat
und für G'sundheit mi bedankat,
nacha zwoa, drei Maß daglangat,
zeam beinand dann hoamwärts schwaankat!
Dös waar wieder amoi schö.
Morg'n wer' i nach Andechs geh!

Dös is a Sonntag-Vormittagerl

Wenn alle andern no fest schlaffa,
im Ebersberger Forst rumlaaffa,
sechs Pfund Marone, Stoapuiz find'n
und dann in's Auto nei verschwind'n.
Zwoa Handwürscht mit Genuß verdrucka,
dazu a Halbe Helles schlucka.
Beim Hoamfahr'n Blasmusi ohör'n,
beim zwoat'n Landler heilig schwör'n:
A so a Vormittagerl is
für mi grad wia as Paradies.
Wenn solche Tagerl aa im Himme kemma,
na schau i doch, daß s' mi da nehma.

D' Japaner auf'm Greana Markt

D' Japaner, woaß ma, san ja bloß,
grad so a Meter sechzge groß.
Doch neilings, bei der letzten Schar,
de z'Bsuach am Greana Markt drin war,
war oana mit, mei lieber Mo,
a Meter neinzge war der scho!
Der Markt is für de Gäst' a Schau.
Der Groß' sagt zu ra Standlfrau,
perfekt in deutsch, er hat bei ihr,
vor guat a'm Jahr, am Standl hier,
a Gmüas kaaft, einfach delikat.
Und daß 's koa Besser's geben taat.
Da sagt de Standlfrau und lacht:
„Da siehgst, was unser War' ausmacht.
So vui bist du in oa'm Jahr g'wachs'n
auf unser Gmüas. Ja, Herrschaftsaxn!
Na sag's no glei in Japan drent:
Kaaft's Gmüas künftig bei mir herent.
Na is eich g'holfa und mir aa.
Du Münchner Japan-Riese, pfüat di na."

Solche Münchner, de gibt's aa

In München gebor'n, aufg'wachs'n
und a ganz Leb'n lang da g'lebt
aber
no nia auf der Bavaria gwen
erst oamoi im Hofbräuhaus eikehrt
seit der Buamazeit koa kurze Lederhos'n mehr og'habt
an Wein so gern mög'n wia as Bier
erst zwoamoi im Leb'n g'schnupft
gern an d'Nordsee reisen
auf der Wies'n no nia im Flohzirkus gwen
an Preußischen Defiliermarsch so gern hörn wia an
Tölzer Schützenmarsch
und Bayernhymne oiwei no net auswendig könna.

Aber regelmäßig
im Fasching beim Damischen Ritterball mitmacha
in der Starkbierzeit auf'm Nockherberg sitzen
dös ganze Jahr über im Englischen Garten und im
Nymphenburger Park spazierngeh
im Hirschgarten Brotzeit macha
mindestens
fünfmal auf d'Wies'n geh
zwoamal auf d'Auer Dult
oamoi auf'n Christkindlmarkt

oamoi in Tierpark
und oamoi in Zirkus.

Und glaub'n möchst as net:
Scho zwoamal in der Pinakothek gwen.

Mia samma alle Wintersportler

Mei Enkeltochter werd' a Star beim Schlittschua laaffa,
mei Enkelbua halt sich grad auf beim Snow-Board kaaffa.

Mei Schwiegertochter is nach Ötz in Skikurs g'fahr'n,
mei Bua zum Bob-Rennats mit sei'm Gelände-Karr'n.

Mein' Vatta treibt's mi'm Eisstock in der Früah davo'
und I schaug gern an Abfahrtslauf im Fernseh'n o.

Mei Frau, de raamt an Schnee. Dös glangat ihr, sagt sie,
da kaam sie mit'm g'sunden Wintersport guat hi.

Und d' Muatta wascht und bügelt für uns alle Tag,
und moant, daß sie koan ander'n Sport ja gar net mag.

Der Alois, 's Bier und d' BMW

Schmächtig und a ganz a Kloana
is der Hupf Alisi gwen,
praktisch nix wia Haut und Boana,
fleißig, wia i kaam oan kenn.

G'arbat hat er de ganz Wocha,
von der Früah bis spaat mit Freid,
doch is Wochenend obrocha,
war der Wirt sei Seligkeit.

Oft hat er, sonntags um zwölfe
scho de größte Hepfa g'habt.
Und sei Wei' hat mit Gebelfe
eahm um de Zeit meistens g'schnappt.

Oamoi, kurz bevor sei Alte
eahm grad wieder abg'holt hätt'
und scho g'schrian hat: „Wart', i hol de",
ham s' an Alis überred't.

Ham an mit sei'm mordstrumm Nickl
auf'n Schorsch sei BMW
naufg'setzt, g'sagt: „Jetzt fahr a Stückl,
des is besser wia hoamgeh.

’s is net weit zu deiner Alten.
De werd schaug’n, wennst du okimmst.
Wenn s’ dir z’geg’n laaft, brauchst net halten,
’s g’langt scho, wennst as Gas wegnimmst.“

Nacha ziahgt der Luck an Gang o,
Kupplung los – und wia a G’schoß
is der Alis wegbraust. Grad so
wia beim Rennats is er los.

Wia a Heuschreck hat der Alis
auf der schwer’n Maschin ausg’schaut,
hat net g’merkt, daß er in G’fahr is,
nüachtern hätt’ er sich nia traut.

Scho siehgt er sei Wei, de Loni,
mitten vor der Haustür steh.
„Spring schnell weg, net bremsen kon i,
werst net glei auf d’Seiten geh“,

schreit er und grad kimmt s’ no wegga,
da hat ’s aa scho kracht – und wia,
und der Alis mit sei’m Schrecka
steht im Haus drin mit der Tür.

Ausg’schaugt hat’s! De Möbeln! D’ Wand!
D’ BMW war schwer lädiert.
Und der Alis war beinand!
Doch er hat a Kraft verspürt.

„Künftig“, schreit er zu ihr naus,
„brauchst mi nimmer hol’n, i kimm
scho zur rechten Zeit in’s Haus,
weil i a Motorrad’l nimm.“

Seit der Zeit da hat s’ ’n nimmer
von der Wirtschaft hoamzua g’führt,
doch der Alis, net der Schlimma,
hat a nia mehr ’s Fahr’n probiert.

Was 's net all's gibt

Der Bert kimmt in der Früah um drei
mit einem mordstrumm Sure hoam,
find't grad no in sei Wohnung nei,
in' dritten Stock, in Berg am Loam.

Er ziahgt sich nackat aus, im Ruaß
hat er koan Liachtschalter o'g'schnappt,
da spürt er plötzlich, daß er muaß
und hat sich in's WC neitappt.

Auf oamoi tuat's an dumpfen Krach
und d'Tür is zuag'fall'n hinter eahm.
Jetzt is der Bert mit oam Schlag wach,
und was er merkt, is gar net zeam.

Im Hausgang steht er, net im Clo!
Was tuat er, wenn an jetzt wer siecht?
Was fangt er o, mit gar nix o,
und s' ganze Haus über eahm spricht?

's bleibt eahm bloß, daß er d'Frau rausläut',
vom Bett an d'eig'ne Wohnungstür.
Doch wenn s' 'n siehgt, kon sei, daß s' schreit,
er steht ja schließlich nackt vor ihr.

Drum hat er g'läut, und wia er hört,
daß s' innen an der Tür dort steht,
ruaft er: „I bin's, dei Mo, der Bert,
wennst mi jetzt siehgst, daschrick ma net.“

Wia s' Tür aufmacht, gibt's ihr an Stich.
„Um Gotteswuin“, schreit sie, „o mei!
Raubüberfall, wia fürchterlich,
i hol sofort die Polizei.“

Schnell hat er s' eineg'schob'n in`Gang,
und schleunigst aufklärt, wia s'n bitt.
„Künftig“, sagt er, „mei Lebtag lang,
– aa nackat –, nimm i d' Schlüssel mit.“

So is' herganga

Sie is herganga
und is higanga,
mit eahm durchganga,
's is net schwer ganga.
Scho war s' eiganga.
Es is schnell ganga!
Vui is querganga,
mit eahm net ganga.
Drum is' aufganga,
ganz schö rund ganga.
Ausanandganga!

Wia is' dann ganga?
Sie is herganga
und is higanga,
mit oam durchganga ...

So und so verkehrt

Sie hat von kloa auf scho auf d'Linie g'acht,
damit s' die Männer g'fallt;
hat fast nix g'ess'n, vui Gymnastik g'macht
und gmoant: Dös macht sich zahlt.

Schlank wia a Gerten war s' , wia s' zwanzge war.
Doch ausgerechnet der,
den sie gern g'habt hätt, der war wia a Narr
hinter a Dicken her.

Sofort hat s' Konsequenzen zog'n und hat
neig'essen, süaß und vui
und denkt: Den kriag i scho, 's is no net z'spaat,
i tua's halt, weil i 'n wui.

Nach guat oam Jahr, da war sie zeckerlfoast,
an Zentner fuchzge schwer.
Doch jetzt ziahgt er, wia ma dös bei uns hoaßt,
hinter a Dürren her.

Verzweifelt hat 's wia früaher wieder g'fast,
doch net oa Pfund verlor'n.
Da hat sie sich dem Schicksal halt opaßt,
und is vernünftig worn.

Sie hat net g'hungert mehr, sich net kasteit,
jetzt war sie sich erst klar:
Wenn ma oan mag, d'Figur doch nix bedeit'
– und er der Recht' net war.

De oan, de andern und i

De oan richten die andern aus,
de andern grad a so de oan.
Tagtäglich streun s' Gerüchte aus,
auslassen tean s' nadierlich koan.

Über an jeden wissen s' was,
und was für schlechte G'schichten.
Aa über uns, da werst ganz blaß.
Und was' all's z'sammadichten.

Wia ma no so gemein sei ko,
und über d'Leit so heraziahng.
Wennst schaugst, is hint und vorn nix dro,
meistens san 's ganz infame Lüag'n.

Was i no sag'n wollt: Wißt's ös scho?
De Thatcher kriagt a Kind vom Kohl!
De Raisa is mi'm Bush davo!
Und d'Liz, de nimmt seit heit Darmol.

Der Huber is a dummer Lump,
der Maier selten primitiv,
d'Evita kaaft ihr Zeig auf Pump
und d'Lu is beim Herrn Graf aktiv.

Und: Nehmts eich vor der Res in acht!
Auf de, da könnts verzichten.
Streut sie net ’s G’rücht aus, Tag und Nacht:
I taat de Leit ausrichten.

Red'n und Schreib'n

Beim Reden laßt ma Gscheitheit raus,
doch sollst was hi'schreib'n, na beißt's aus.
Na geht as Bleistiftbeißen o
und koan Gedanken bringst voro.

Zwar hat ma 's ganz genau im Hirn,
doch kon ma 's net so formulier'n,
wia ma dös moant und möcht und denkt.
Ja, ja! Beim Schreib'n werd oan nix g'schenkt.

Drum red't ma liaber, als ma schreibt,
weil 's oan da net so umatreibt.
Doch denka sollt a jeder scho:
Bloß red'n, was ma aa schreiben ko!

Guat reden muaßt halt könna

In Erdkunde oiwei an Fünfer g'habt,
doch jetzt auf der Welt umaroasen.
Verträge abg'schlossen, vui Geld daschnappt,
an ganz clever'n G'schäftsmo sich hoaßen.

Von Erdkunde woaß er aa heit no net vui,
doch glaub'n kon ma 's wirklich fast net:
Im Rechnen war er grad so schlecht in der Schui,
bloß oans war er: Er war net bläd.

Und reden – dös muaß ma scho zuageb'n und nenna:
Guat reden, dös hat er ja oiwei scho könna.

Der Gamsenhäuptling pfeift de Preiß'n

Der Gamsenhäuptling gfreit si scho,
weil er heit wieder pfeiffa ko,
z'höchst von de Felsen auf de Preiß'n.
Und wia s' nauflurn, bis s' 'n dagneiß'n.

„Schau, Emma, guck", ruaft er, voll Eifer,
„so sieh doch mal den ollen Pfeiffer!
Warnt er vielleicht gar seine Sippe?
Oder nimmt er uns auf die Schippe?"

Und er pfeift seinerseits durch d'Finger
zum Gamsbock z'ruck, net recht vui g'ringer.
Der steht da drob'n, grad wia ogossen;
er woaß genau, er werd net g'schossen.

Schaugt de zwoa Preiß'n o, was s' tean,
und ob s' glei gar no mehra wer'n.
Dann taat er nämlich nomoi pfeiffa;
so aber laßt er 's Pfeiffa schleifa.

Er denkt für sich: Bei dene zwoa,
da glangt oa Pfiff, oana alloa.

De steh'n a viertel Stund am Weg.
Der Gamsbock rührt sich net vom Fleck.

Dann werd's de drei doch langsam z'dumm,
des Staadhalten und des Drumrum.
Der Oa is nauf – und sie san weiter.
Der Gamsbock als a ganz a Gfeiter,

hat eahna no an Pfiff nachpfiffa.
Und sie ham 's aa sofort begriffa:
So quasi: Jetzt geht's amoi zua
und laßt's mia doch mei Gamsbockruah!

Dös g'fallt dem Preiß'n und er lacht
und sagt: „Ist er nich eene Pracht?
Na, haste det jeseh'n, Mensch, Meier,
det war mal eb'n een echter Bayer.

Schaut uns nur an, schweigt wie een Grab –
und wendet sich dann eenfach ab!"

Dös is ja dös

Dös is ja dös, was s' alle möchten:
In München leb'n! Auf dös tean s' spechten.
Und wenn 's net drin geht, dann drumrum;
ma muaß scho sag'n, de san net dumm.
Aa wenn der Föhn oft waaht mit G'walt,
wenn 's heit höllhoaß is, morg'n eiskalt,
wenn d'Nebel ziahng, wenn 's reg'nt,
wenn's schneibt,
wenn d'Wolken de warm' Sonn' vertreibt,
deswegn wern de no lang net bös.
Ja, gar koa Spur! Dös is ja dös!
Wenn 's uns oft no so heranimmt,
sie nehma 's grad a so, wia 's kimmt.
Ganz stolz san s', weil s' in München leb'n,
wo sovui Menschen einestreb'n.
Doch wenn nach eahna and're kemma,
de eahnan Wohnsitz z'München nehma,
san sie de ersten, de sich wehr'n,
und gega 's Zuaziahgn aufbegehr'n.
„Dös geht net", sag'n s', und san glei bös.
„Weil 's sunst z'vui Fremde wern. Dös is ja dös."

Wo san mia denn?

Wenn de weiß-blau Fahna winkt,
und a Blasmusi herklingt.
Wenn ma a paar Maß'n trinkt,
's Liad vom Alten Peter singt.

Wenn d'Bedienung Weißwürscht bringt
und a zeame Stimmung schwingt,
kaant ma moan', ma waar dahoam,
z'Schwabing oder z'Berg am Loam.

Doch wo schaugt's so zünftig aus?
In Berlin! Im Hofbräuhaus!

Ozapft is

Ozapft is! Dös laßt si hörn.
Könna mia denn mehr begehr'n?
Kimmt der Ruf denn unserm Ohr
net wia's Halleluja vor?

Ozapft is! Is dös a Freid!
Da geht's Herz auf himmeweit.
Und ma siecht as Bier scho laaffa,
d'Leit sich um die Maß'n raaffa.

Ozapft is! Ham mia a Maßl!
Ozapft is dös frische Faßl.
Jetzt geht echte Z'fried'nheit her.
Ozapft is! Was wui ma mehr?

A Münchner vor der Wies'n

Jetzt geht bald d'Wies'n wieder o.
Ganz ehrlich g'sagt: I gfrei mi scho.
Wenn ozapft werd, dann bin i drauß.
Dahoam halt's i dann nimmer aus.
Na geht's dahi! A vier-, fünfmal
bin i dabei, auf jeden Fall.
A Hendl und an Steckerlfisch,
a zwoa, drei Maß jed'smal, schö frisch,
an Mandlgruch, a Blechmusi,
dös muaß i ham, drum geh i hi.
Am letzten Tag, ko sei wia's wui,
is d'Wies'n ganz alloa mei Zui.
Und wenn i hoamgeh, woaß i g'wiß:
I gfrei mi scho, wenn s' wieder is.

Draußen beim Oktoberfest

Wennst woaßt, da draußen spuit scho d'Musi,
na halt'st es dahoam nimmer aus,
na nimmst am g'scheitesten dei G'spusi
und fahrst mit eahm auf d'Wies'n naus.

Da triffst dann de und den und alle,
de wos d'scho lang nimmer g'sehng hast;
sitzt beianand in ra Bierhalle,
grad zünftig is', all's taugt und paßt.

Nach zwoa, drei Maß b'suachst Teifelsradl,
an Schichtl und as Hippodrom.
A Herzerl kaafst, a Eis für's Madl,
d'Bavaria griaßt ro vo drom.

An Vogel Jak hörst zua – a Spaß!
Na tuast di um a Fuchzgerl wiag'n,
beim Café Flori trinkst a Tass',
laßt Luftballon in' Himme fliag'n.

Beim Mandel-Hans kaafst d' no was Süaß',
an Teddy-Bärn schiaßt d' ihr no raus,
und dann gehst hoam, denn jetzt spürst d'Füaß.
Schö, wia oiwei, war 's wieder drauß.

A schöner Wies'ntag

Im Zelt drin an Eckzahn rausbissn,
in d'Joppn an Triangel grissn.
Mit Bier auf und auf ogschütt worn,
an Huat mitm Gamsbart verlorn.
Aus Gaudi zwoa Zigarrn neigraucht,
und glei drauf an Herzdoktor braucht.
A Wagnschmier in d' Hosn neibracht,
bis heit mit koam Mittel rausbracht.
Beim U-Bahn-Fahrn 's Stempeln vergessn,
vierzg Markl als Straf zuawegmessn.
Beim Hoamgeh auf d'Händ auffetre'n.
– Aber no nia is so schö auf der Wies'n gwen!!

Wenn sonst nix fehlt

So ab und zua sollt ma sich scho
vom Hautarzt oschaugn lassen.
Drum hab i denkt: „Jetzt pack i o,
jetzt taats mir grad so passen.“

Bin hi zua eahm, zum Herrn Professa.
„Ziahng S’ Eahna no glei nackat aus;
Dös is für d’Diagnostik ’s bessa“,
sagt er, „na kenn i mi glei aus.“

„Aha“, moant er, „da hamma ’s scho.
De Warzen da am Hals g’hörn weg,
grad wia dös Wimmerl auf’m Po
und unterm Arm der braune Fleck.

Am Buckel nebam Muattamal,
da tean mia dann glei weida.
As Rausschnei’n is auf jeden Fall
in dem Fall ’s Allergscheida.

Ja, was is dös, was siech i da?
San Sie vielleicht a Saunagänger?
De Zechanägel müassen ra,
weil sonst de Pilze net vergenga.

Und zwengs Ihr'm Kropf und Überboa
kemma S' mia glei de nächst Woch wieder;
da soll mei Frau dann 's Ihre toa,
de operiert nämlich net zwider.

Und jetzt legn S' Eahna nauf auf's Bett,
dann kriagn S' a paar ganz leichte Spritzen.
Bis S' schaug'n, san Zechanägel weg
und aa de Pinkerl, da wern S' spitzen."

Und pfeigrad, nach a halben Stund
hab i a Dutzend Löcher g'habt.
Und alle Nägel war'n herunt,
de ganze G'schicht hat prima klappt.

Hoam bin i dann mi'm Taxi g'fahr'n,
zweng meine Zechanägel;
Weil d'Zechan ja eig'wickelt war'n.
Und dös behindert scho a breckel.

Beim Wegfahr'n hab i g'fragt: „I moa,
gaangs net, daß i mei Frau mitnaahm,
wenn i zum Kropf- und Überboa-
wegtoa, Herr Doktor, demnächst kaam?

Sie kaant se dann von Eahnam Sohn
an Blinddarm rausschnei'n lassen.
I glaab, daß der dös aa guat kon.
Taat Eahna dös net passen?"

„Ja, freilich“, sagt er, „dös geht z’samm.
Bloß hätt i no a kloane Bitt’:
Wenn’s Freind, de ogschaugt wern wolln, ham,
dann nehma S’ es doch ’s nächst Mal mit.“

Wenn i no

Wenn 's Kreiz net so weh taat,
taat i mi no bucka.
Wenn 's Knia mi net plagat,
gaang i ohne Krucka.
Wenn 's heit net so feucht waar,
na hätt' i koa Reißen.
Wenn i meine Zähn hätt',
na kaant i no beißen.
Wenn i de nei' Bruin hätt',
na kaant i jetzt lesen.
Wenn i no a Hirn hätt',
taat i nix vergessen.
Wenn i no achz'g Jahr waar,
waar i no am Damm.
Bloß jetzt halt, mit Neinz'ge,
geht nimmer vui z'samm.

Leit gibt's, dös möchst net glaam

Leit gibt's, dös möchst doch fast net glaam,
de re'n an selt'nen Blödsinn z'samm.
Doch wemma selber sich oft hört,
merkt ma, daß ma da aa hig'hört.

Drum sollt ma öfter amoi denka:
Manchmal kaant ma sich s' Reden schenka.

De mäufäun Bummal

„Grüaß God beinand", so grüaßt ma guat,
wenn ma bei uns oan grüaßen tuat.
De andern sag'n drauf: „Grüaß di aa",
so wia 's si's g'hört in Bayern da.

Doch manchmoi san s' scho rechte Bummerl,
da hocka s' dorten grad wia Stummerl
und tean, als hä'n sie gar nix g'hört,
bloß weil ma s' grad beim Nixtoa stört.

Doch de, de finden nix dabei –
Sie san halt grad amoi mäufäu.

Denkbar is auf jeden Fall

Wenn der Oberlehrer
vom Unterwirt
an mittler'n Rausch hoamziahgat

Wenn der Osterhas
vom Nikolaus
g'farbte Oar herkriagat

Wenn de drei Eisheiligen
mit der kalten Sophie
an hoaßen Lambada tanzatn

Wenn s' in China
statt'm Reis
Radi pflanzatn

Wenn a Schwarzer
am Roten Meer
Weißwürst verlangat

Wenn a falscher Bruader
mit am echten Luada
zum Wallfahrten gaangat

Wenn a Grüne Witwe
mit am Roten Radler
a Fahrt in's Blaue machat

Wenn a alter Seebär
auf a Mittelmeerreise
an junga Bachratz olachat

Wenn a Kranker
an g'sunden Appetit
mitbringat

Wenn a Bierbrauer
in am Weinberg
Wasser tringat

Wenn a'm Antialkoholiker
beim Wassertreten
a Schnapsidee kaamat

Wenn a kalter Hund
in a'm Warmbad
a hoaße Spur aufnaahmat

Wenn a linksg'strickter Rechtsgelehrter
im Unterhaus
Oberwasser kriagat

Wenn ma einem Herzog

auf d'Königsspitz
an Kaiserschmarrn hifliagat

Wenn a Misthund
in a'm Saustall
an Affen ausschlaffat

Wenn a Bayer
vor a'm Preußen
davolaaffat

Wenn a Platterter
wenn's haarig wird
aufgebat

Wenn a Münchner
in Wanne-Eickel
auflebat

Wenn a Teifelskerl
in a'm Himmebett
vom Fegfeuer traamat

Wenn sich a Politiker
für seine leeren Versprechungen
oamoi bloß schaamat

Wenn a Bauchredner
von a'm Kopfjäger
a Brustbild schiaßat

Wenn a Abgeordneter
aa nach der Wahl
alle grüaßat:

Dann waer dös net ganz normal.
Denkbar aber, denkbar war's
auf jeden Fall.

Ja, wia no all's so z'sammatrifft

Dös is a Urlaub heier gwen,
wia i so leicht koan solchan kenn.
Beim Kofferpacka ab'nds scho g'schri'n,
beim Frühstück in' kloan Finger g'schni'n.
In 'n neien Anzug Bluat neibracht,
der Bua, der hat dazua recht g'lacht.
Zum Bluatrauswaschen is koa Zeit,
weil 's Taxi scho vor'm Haus bereit!
Am Flugplatz reißt der Taxifahra
an Griff vom Koffer - 's war der Schwaara -!
Im Flugzeug - - - eng is' scho zu dritt - - -
hab i mei Tass' Kaffee ausg'schütt!
Ausg'rechnet auf dös neie Kleid
von meiner Frau. War dös a Freid!
Statt nach Neapel - - - ungelog'n,
ham s' uns bis nach Sizilien g'flog'n.
Beim Zruckfliag'n war mei Koffer weg.
Der mit'm Griff! Dös war a Schreck.
Nach oana Woch', verdreckt, daschund'n,
hat sich der Koffer wieder g'fund'n.
Im Hauptbahnhof, z'Neapel drin,
hab i 'n dann g'holt. Was für a G'winn!
Mi'm Schiff bin i dann z'ruck, ganz schnell,
nach Ischia in mei Hotel,

damit i für den Resturlaub,
meine sieb'n Zwetschgen z'sammaklaub'.
Jetzt war koa Schlüssel nimmer da
für'n Koffer. Dös war a Trara!
Drei Stund lang hamma g'suacht und g'raamt;
oa Urlaubstag war glatt versaamt.
Dann hamma 's G'schloß g'sprengt, was wuist macha?
Hab'n 's Waschzeig braucht und Badesacha.
Tags drauf bin i zum Kofferkaaffa
in de nächst' Ortschaft eineg'laaffa.
Zwoa schöne Koffer warn's. Und bloß
vierhundert Markl war i los.
Und schnell is' ganga. War i froh!
Wo hä'n ma denn dös Sach hido?
Beim Neigeh in's Hotel, saudumm,
fall i über oan Koffer num.
Und 's haut mi so ungünstig hi,
daß i zehn Tag im Bett g'leg'n bi.
Drauf samma z'ruckg'flog'n alle drei,
denn unser Urlaub war vorbei.
Dahoam, i möcht d'Koffer aufsperr'n
- - - koa Schlüssel da - - - zum narrisch wern.
Da fallt mia voller Schrecken ei
- - - dös därf ja wirklich doch net sei - - -
I hab s' auf Ischia im Zimmer
vergessen. Dümmer geht's doch nimmer.
„Dösmal, da hamma 's net g'scheit troffa",
sagt unser Bua, „gell, zweg'n de Koffa,
da war der Urlaub z'erst für di,
und dann für uns aa beinah hi.

Hä'n mia doch d'Rucksäck packt, an Karr'n
und waarn in's Zillertal neig'fahr'n.
Na hätt'st di net so ärgern müass'n;
Gell, Papa, 's kon oan scho verdriaß'n."
„Bua", sag i, „denk doch anders rum.
Schau her, dös is doch aa net dumm:
Waar'n mia im Hochgebirg rumg'loffa,
hä'n mia heit net zwoa neie Koffa!"

Urlaub im Orient

A Laubfrosch quakt, a Gockl kraaht,
und dann is' wieder mäuserlstaad.
A Amsel singt, der Laubfrosch quakt.
As Meer rauscht her, daß' oan glei packt.
Des tuat a'm Stadtmensch guat - - und wia - -!
Zwar is erst viere in der Früah,
doch so a Musi hört ma gern.
Wia werd 's dahoam doch wieder wer'n!
Grad setzen d'Sänger wieder ei,
is mi'm Idyll a scho vorbei.
A Krach, a Lärm, unheimlich hart.
– A Düsenflugzeug is grad g'start.
Und nach eahm no acht weitere.
De nächste Stund war net grad schö.
Dann, wia i merk, jetzt schlaf i ei,
erhebt der Muezzin sei G'schrei.
Er bet' und singt, vastehst, hast g'hört,
daß 's oan glei direkt anders werd.
Mei Liaber, da muaßt Nerven ham,
da kimmt ja allerhand so z'samm.
Der Urlaub geht ja scho guat o!
Doch jetzt geht's dann auf und davo.
Mia b'suacha a antike Stadt,
wo 's net an Flugzeuglärm hiwaaht.

Da kon i mi wieder erhol'n,
wenn mia d'Ruinen oschaug'n soll'n.

Wia i zum Parkplatz schau, o Graus!
Zwanz'g Omnibus stehnga vor'm Haus.
Fast tausend Leit genga da nei.
Da werd a saub'rer Trubel sei.

Dann hamma s' og'schaugt, d'Stadt – de Hitz!
Zuaganga is, mei liaber Spitz.
Im Bus dann, nach'm Mittagessen,
is mia gar nimmer richtig g'wesen.

Drum hab am Frischluftknopf i draaht,
damit a Lüfterl mi owaaht.
Doch dabei hab i mi erkält',
und aa mei Bauch hat sich og'meld't.
Der Urlaub war für mi scho g'laaffa.
Koa Nacht hab i mehr durcheg'schlaffa.
Bei fünfadreißig Grad im Schatten
laaft mia as Wasser von der Platten.
As Meer war ja scho warm und schö,
doch i kon ja net einegeh,
zweg'n der Erkältung und dem Darm.
Da bist bedauernswert, bist arm.
Vor Hitz bin i ganz damisch gwen.
Drum hat mi a Kamel nauftre'n,
des i net g'sehng hab neba mir.
I kon eich sag'n, 's war koa Plaisir.

Der Fuaß og'schwoll'n! Trotz allem Stemma
bin i halt in koan Schuah mehr kemma.
Damit der Unglückskreis sich schliaßt,
krieg i no Aug'nentzündung. Wüast!
Der Darm, d'Erkältung, d'Aug'n, der Fuaß!
Was ma so all's dakraften muaß.
Bloß g'hört hab i, wia oiwei, guat.
So war der Urlaub net ganz furt.
Um viere in der Früah, zum Start,
hab i auf's Gockelkraahn scho g'wart.
Dem Frosch, der Amsel hab i g'lauscht
und z'frieden g'hört, wia 's Meer herrauscht.
De Flugzeug hab i ignoriert,
für'n Muezzin Verständnis g'spürt.
Nach vierzehn Tag war i soweit;
mi hätt' der Urlaub wieder g'freit.
Der Fuaßtritt vom Kamel war g'heilt,
der Bluaterguß ganz schö verteilt,
d'Erkältung, s'Bauchweh war vorbei,
und aa vom Aug'nschmerz war i frei.
Bloß war halt jetzt der Urlaub gar.
Na, ja! Vielleicht dös nächste Jahr,
daß i da wieder Urlaub nimm.
Denn eig'ntli war 's ja bloß so schlimm,
weil i a solches Pech g'habt hab.
Sonst waar's ganz schö gwen, wia i glaab.

Bloß: Gaang a Urlaub wieder z'samm - -
Kameltritt muaß i koan mehr hab'n.

Gibt's des aa

Scho fünfmal in der Türkei gwen, aber no oiwei
an Bosporus mit de Dardanellen verwechseln,
an Atatürk mit'm Attila
Ephesus mit Pergamon.
An Türkensitz vom Orchestersitz net wegkenna.
Bis heit no glaub'n, daß der Türkische Honig von de
Bienen in der Türkei produziert werd
und no koane dreimal in der Türkenstraß'
in Schwabing gwen.

Kruzitürken!

Boarisch, z'tiafst in der Türkei

Mittendrin in der Türkei
– z'Konya war's geg'n Ende Mai –
kehrt a Bursch mit siebzehn Jahr
d'Straß'n z'samm, glei beim Basar.

Mia gehn grad an eahm vorbei
– münchnerisch re'n mia all drei –
schreit er astrein boarisch her:
„Schaugt's uns o, mia san fei wer.

Fast a jeder Straßenkehrer
is bei uns a Boarisch-Lehrer.
Kemmts ös direkt her von Minga?
Eier Sprach taat danach klinga.

Seid's von Giasing, Berg am Loam,
Schwabing oder Loam dahoam?
Steht der Bögner no im Tal?
Grüaßt's ma fei auf jeden Fall

's Sechz'ger-Stadion, weil i
echt a Fan von Sechz'ge bi.
Ja, des gibt's doch net! All drei,
b'suacht's ihr mi in der Türkei!"

„Jetzt, paß auf“, sag i, „ganz ehrlich,
du red’st ’s Boarische so herrlich,
daß koa Mensch, der boarisch ko,
glaabt, du bist a Türkenmo.

Oder machst mit uns an Flachs
und du bist a Münchner Gwachs.
Gar vielleicht auf Ferien da,
bei a’m Freind in Konya?“

„Beinah hätt’st es du darraten“,
sagt er. „Ja, i kon aa’s Watten.
Siebzehn Jahr hab i z’ Stoahausen
g’wohnt, beim Straßenbahnhof draußen.

Müllwäg’n hat mei Vatta g’fahrn.
Und weil’s all’zwoa sparsam war’n
– d’Muatta hat aa g’arbat – hart –
ham sa se was z’sammag’spart.

Sehgts, des Haus, vor dem i kehr,
g’hört jetzt uns, jetzt samma wer.
Doch i fahr bald wieder ’num.
Z’Minga am Gymnasium

mach i demnächst ’s Abitua.
Dann studier i Sprachen. Gnua!
Boarisch, Türkisch kon i scho.
Und no etli pack i o.

Jeder sagt, der mi guat kennt,
i hätt' dazua a Talent.
In zehn Jahr, wenn all's guat laaft,
werd bei eich a Hausstock kaaft.

Und zwar in der Türkenstraß!
Da werd's schaug'n, des werd a Faß.
Kruzitürken, Kruzibayern,
dann tean mia mitnander feiern.

Jetzt is' aber Zeit i kehr
weiter, daß i fertig wer!
Pfüat Enk, laßt's ös eich guat geh,
z'Minga is ja sovui schö."

Sagt's und arbat scho, der Bua.
Dem trau i den Hausstock zua!

So bleibt ma jung und g'sund

Heit hab i's wieder amoi g'lesen,
was ma zum jung bleib'n macha muaß.
Grad wia a Zeichen is' ma g'wesen,
drum hab i g'sagt: I tua 's.

Z'erst laß i mia a Bluatwäsch' macha,
und dann d'Frischzellenkur.
Koa Bier mehr trink i, da wern s' lacha,
bloß Säfte mehr no - - - pur.

Gymnastik werd i täglich treib'n,
guat vierz'g Minuten und
spazier'ngeh zum beweglich bleib'n,
aa insgesamt a Stund.

Zum Frühstück iß i Weizenschrot,
mittags an grean' Salat,
und ab'nds a Scheib'n Vollkornbrot
zwoa Eier mit Spinat.

Dan Knoblauch pack i, jeden Tag,
an Löffe Kalium,
und gegan Knochenschwund, koa Frag:
Goaßkaas und Kalzium.

Vui radeln muaß i und vui schlaffa.
Vitamin E und B
werd i mia im Reformhaus kaaffa,
dazua an G'sundheitstee.

Bürstenmassagen, Wechselbäder,
Ozon laß i mia geb'n.
Schwimma werd i bei jedem Wetter,
und all's für a g'sund's Leb'n.

Magnesium, daß G'fäß 'sich weiten,
nimm i aa täglich ei.
Und G'müas und Obst zum Zuabereiten,
kaaf i beim Gärtner ei.

Neugierig bin i, was s' mia bringa,
de Ratschläg zum jung bleib'n!
Wenn 's guat geht, werd i dreiß'g Jahr jünga!
Da werd 's mi schö rumtreib'n!

Mit siebzge, achtzge

No vor fuchz'g Jahr, da war 's a so!
Mit siebzge warst a oida Mo.
Heit is des ganz g'wiß nimmer so.
Schaugts doch anander no grad o!
Der oa fahrt no mit siebzge Schi
als wia a Junga. Leg di hi!
Der and're g'winnt beim Tennisspui
gegen die Vierzger wia er wui.
Und schwimma, radeln tean s' und reiten,
wia früaher in de besten Zeiten.
Auf d'Berg genga s', zwar mit'm Stecka,
doch d'Steilheit kon sie net daschrecka.

Und d'Achtzger, wia san de beinand?
Ko ma da re'n vom Ruhestand?
Ja, gar koa Red! I kenn grad gnua,
bei dene geht's ganz lebhaft zua.
De laaffa vui spaziern und kegeln,
und oa tean no mit achtzge segeln.
Tean schilanglaaffa, zwoamal d'Woch,
und Golfbälle schiaßen s' in's Loch.
So san de Siebzger, Achtzger heit;
geg'n früaher kaam mehr oide Leit.

Manch Junga - - - aa beim Maßen stemma - - -
kaant sich a Beispui an de' nehma.

De jungen Senioren

Schaugts Ös no o, de Senioren,
was hab'n denn de all's um de Ohren,
daß s' jetzt glei gar koa Zeit mehr hab'n?
Ob s' vielleicht wieder arba'n? Kaam!
Jetzt müassen s' furtfahr'n und verreisen
und ab und zua aa vornehm speisen.
Mi'm Auto, Bahn und Omnibus
schaug'n sie jetzt d'Welt o, mit Genuß.
Na, ja, sie hab'n ja vui versaamt.
Jetzt führ'n s' es aus, was früaher traamt.
Gar manche fliag'n mi'm Flugzeug weg,
an südlichere, warme Fleck'.
Dahoam verfliagt de Zeit so g'schwind,
daß ma glei gar koa Zeit mehr find't.
Eikaaffa genga s' und auf d'Bank,
zum Rente abhol'n, Gott sei Dank.

Und zwischendurch, zweg'n der Arthrose,
marschier'n s' zum Orthopäden Rose.

Spazier'n geh müassen s' und vui schwimma:
Zeitung studier'n, sunst hab'n s' koan Schimma,
was sich auf dera Welt so tuat.
Und aa für 's Jungbleib'n is ganz guat.

Und zwischendurch zweg'n der Thrombose,
b'suacha s' an Hausarzt Doktor Klose.

Mittag tean s' schö Siesta halten,
was aa net schlecht is für de Alten.
Fest radlfahr'n tean s', net zu stressig,
doch dafür aber regelmäßig.

A neue Brill'n is wieder fällig.
Drum laaffa s' hi zum Doktor Selig.

Manchmoi in a Theater geh,
dös laßt ma sich net ganz entgeh.
Und Kartenspuin und Kegelscheib'n,
dös tean s' aa gern no weiter treib'n.

Dazwischen wega 'm Bandschei'mschaden,
genga s' zum Röntgendoktor Maden.

Die Enkelkinder a paar Tag
nehma sie gern, ohne a Frag.
Mit alle Freind' Geburtstag feiern
is Ehrensache, da in Bayern.

Und dann, zweg'n der Parodontose,
sausen s' zum Zahnarzt Doktor Blose.

So fliagt die Zeit der Senior'n,
bis daß sie über „Achtzge" worn.

Dann nehma sie sich vielleicht Zeit
und san für a Gespräch bereit.

Rentner-Überlegungen

Früaher ham mia no was leisten könna.
Und heit leist' ma uns all's, was mia könna.

Früaher ham mia no was g'leist.
Und heit leist' ma uns was.

Relativ z'alt

Der Lenz is neinzge - - - und alloa.
Drum sagt er sich: „I glaab, i moa,
daß i jetzt in a Heim eiziahg,
wo i mei Wart' und Pflege kriag."
Er schaut sich etle Häuser o.
De g'fall'n eahm aa, dem oidn Mo.
Doch wia s' 'n fragn: „Wann gehst denn nei?"
sagt er: „Dös, moan i, laß i sei.
D'Häuser waarn schö, doch moant's, i spinn?
Da san ja lauter Oide drin."

G'sund muaßt halt sei

Hundertfünf Jahr alt is der Girgl worn.
In Niederbayern drunt war er gebor'n.
Sei Lebtag lang hat er koan Dokta braucht,
und aa gar nia hat'n a Krankheit g'schlaucht.
„So alt und allawei so guat beinand,
da brauchst von Anfang o an guaten Stand",
ham s' g'sagt. Aber der Girgl lacht: „Dös sei,
dös stimmt net und geht ma bis heit net ei.
Denn wia i seinerzeit in d'Welt neitre'n,
bin i so hoalos und so nixi gwen,
daß s' Kerz'n ozünd't ham und bet'
und g'sagt: Der macht's koa ganze Stund mehr net.
Und trotzdem hab i s' alle überlebt,
hab nia im Leb'n a Pfünderl z'vui rumg'schleppt.
Heit bin i grad so haude, aber g'sund,
genau wia in der allerersten Stund."

Dös hätt's doch net braucht

De Junga san scho guat! Wenn ma eah' sagt,
wia mia schwer g'arbat ham, wia mia uns plagt,
sag'n de: „Des hätt's doch in dem Maß net braucht.
Ihr seid's doch selber gern in d'Arbat taucht.
Mia macha 's uns doch aa heit a weng schö.
So hätt's Ös halt aa macha soll'n!" - - - Sag'n de!

A guater Nachbar

A jeder möcht an guaten Nachbarn hab'n.
Doch dös is klar und därfst ma glaab'n,
und 's leucht' wohl aa an jeden ei:

Z'erst muaß ma selm a guater Nachbar sei.

As Paradies

I kon's net anders sag'n, wia's is:
Ganz Bayern is oa Paradies.
Sonst kaant's net sei, daß de wo kemma,
alle as Dableibn sich vornehma.
Von Minga weg nach Östreich zua,
da konnst as gar net oschaug'n g'nua,
as Land, wia's lebt und blüaht und leucht',
d'Natur oam oiwei d'Hand herreicht.
Der allerschönste Erdenfleck
is gar net weit von Minga weg.
Am Tegernsee, in Rottach hint,
wo ma as Haus vom Thoma find't,
da kon ma z'fried'n sei mi'm Leb'n,
braucht nach koam andern Dasei streb'n.
Da liegt der Platz, dös woaß i g'wiß,
da war und is as Paradies!

Singa und a Musi macha

Singa und a Musi macha,
fröhlich mitanand vereint,
jeden Tag von Herzen lacha,
is dös Höchste, wia mia scheint.

Brauchst koa Geld dazua, koan G'winn,
brauchst koan Titel, koa Vermög'n,
brauchst alloa an frohen Sinn
und sonst steht gar nix dageg'n.

Beim Hoagart

Bei so ra Musi, so a'm G'sang,
da kaant ma zuahörn – stundenlang.
Da fuit ma se so ganz dahoam.
Und tauschen taat ma mit gar koa'm.

Da werd's oa'm bacherlwarm um's Herz
und ma vergißt so manchen Schmerz.
Da gibt's net oan, der wo 's net g'spürt,
de boarisch Art, des boarisch Gmüat.

Da denkt ma staad a so dahi
und hofft: A so a Harmonie
sollt halt a sonst im Leben sei.
Und dann fallt oa'm des Oane ei:

Wahrscheinlich bloß bei Musi, G'sang,
is 's Leb'n so, wia ma 's möcht. A Klang,
der in uns singt und in uns waaht,
und der a b'sond're Stimmung hat.

Drum sollt ma halt, zum friedlich wer'n,
Volksg'sang und Stubenmusi hör'n.
Und werd der Hörerkreis dann größer,
werd's Leb'n vielleicht doch a weng besser!

Für d' Sänger und für d' Musikanten

Oiwei z'sammahalten,
zünftig, gradraus bleib'n,
mit da Musi, mit'm G'sang
sich Zeit vertreibn.

Nacha fehlt se nix,
na is und bleibt ois guat.
Rogl is a Sänger-,
Musikantenbluat.

Am Häuserl, ganz am Wald hibei

Am Häuserl, ganz am Wald hibei,
da geh i nia vorbei.
Da wohnt a flachsblonds Deandl drin,
de laßt mi zu ihr nei.

Im Häuserl, ganz am Wald hibei,
leb i jetzt scho dreißg Jahr.
Und 's Deandl g'hört seitdem scho mei;
jetzt hat s' halt graue Haar.

Und i geh oiwei no so gern
wia damals aus und ei.
Im Häuserl, ganz am Wald hibei,
muaß ganz was B'sonders sei.

Morgen, ganz bestimmt

Morg'n b'suach i 'n aber, ganz bestimmt,
mein oid'n Freund im Krankenhaus;
weil jeden Tag was anders kimmt,
schiabt ma's halt oiwei wieder naus.

Der werd sich g'frein, des woaß i g'wiß,
wenn mia uns endlich wieder sehng.
Und daß er net vergessen is,
spürt er. Mia ham uns oiwei mög'n.

A paar G'spaßett'l wer'n mia macha,
net anders wia halt allawei.
Net z'vui, daß'n net ostrengt, 's Lacha!
Sei Frau sagt: Es kaant besser sei.

Scho wieder läut' as Telefon.
„Hallo? Ja! Du? Und net in Form?
Was sagst? Daß ma's net ändern kon?
Heit Nacht um zwölfe is er g'storm?"

Da is mia grad als hörat i
mein Freund: „Wo bist denn oiwei gwen?
I hab scho so lang g'wart' auf di,
jetzt kömma nimmer mit'nand re'n."

Des tuat mia weh. Er hat ja recht!
I hätt'n eher b'suacha könna.
An Kranken, geht's eahm no so schlecht,
aufsuacha, is für d'Freundschaft 's Schöna.

A Münchnerin

In Obergiasing drob'n gebor'n,
a sauber's Münchner Madl worn.
Am Flaucher drunt dös erste Mal
glei neitappt in an Sündenfall.
Doch bald d'rauf g'heirat in der Au,
er war Polier und auf'm Bau.
Vier Kinder in der Maistraß' kriagt,
d'Familie oiwei recht vergniagt.
Zwoa Madeln und zwoa Buam san 's gwen.
's Leb'n war zwar hart, doch trotzdem schön.
Der Mo war g'müatlich, kennt koan Zorn,
und d'Kinder san rechtschaffen worn.

Dann is a schlimme Zeit aufzog'n
und d'Münchnerin fuit sich betrog'n,
um's Glück, um's Leb'n und um vui Jahr.
Der sinnlos Kriag macht's Dasei schwaar.
Der älter' Bua is z'Rußland bliem
und 's Marerl hat – 's Schicksal is schlimm –
ihr Leb'n durch Brandbomb'n verlor'n.
Lang is da d' Muatter nimmer worn.
Doch 's Leb'n geht weiter. Nach zehn Jahr,
da is a große Enkelschar

um d'Oma uma, Tag für Tag,
und 's war ihr trotz der Hetz koa Plag.

D'Leit führ'n a Dasei jetzt, a Leb'n,
so guat wia's niamals bisher gwen.
Sie bau'n und reisen, streb'n und kaaffa,
vor Hetzen könna s' kaam mehr schlaffa.

„Sie" is oiwei de Gleiche blieb'n,
hat nach wia vor nix übertrieb'n.

In ihrer Welt herrscht Ruah und Frie'n.
Freilich, ihr g'hört a Waschmaschin,
a Kühlschrank und a Radio
und aa a Wäscheschleuder no.
Dankbar is, daß s' a Heizung hat
und a warm's Wasser und a Bad.
„So schö", sagts', „is dös Leb'n scho heit,
doch leider sehng sie 's net, de Leit.
Schad is bloß, daß der Franz, mei Mo,
de Zeit nimmer erleben ko.
Er hat sich g'schund'n gnua und plagt,
sich nia über sei Los beklagt."
So red't s' und daraus woaß ma g'nau:
Sie is a seelenguate Frau.
Nia hat s' im Leb'n an Muat verlor'n.
In Obergiasing is s' gebor'n.

Zum Muttertag

Sieb'n Kinder gebor'n
und alle was worn.
Sich nixn vergunnt,
daß Kinder ja g'sund.
Zwoa Weltkrieg mitg'macht,
sich g'sorgt, Tag und Nacht.
Bloß Arbat und Müah,
doch g'jammert gar nia.
Geduldig und guat
und oiwei voll Muat.
Zur Hilf' stets bereit
für andere Leit.
Im Alter, ung'log'n,
zwölf Enkel großzog'n.
Und dann über Nacht
die Augen zuag'macht.
Wia s' g'lebt, grad so staad,
hat s' 's Leben ausg'waaht.
Koan Dichter, koan Held,
gibt's auf dera Welt,
der so g'ehrat g'hört.
De Muatta waar's wert.

Es kimmt, wia's kimmt

Es kimmt, wia's kimmt, wia's kemma muaß.
Du laafst dei'm Schicksal net davo.
Wennst moanst, du muaßt eigreifa, tua's!
Doch ändern werst du gar nix dro.

Wia's aufg'setzt is, so laaft dei Leb'n.
Bild' dir net ei, du konnst dro draahn
und eahm a and're Wendung geb'n.
Es steht all'ssamt im Lebensplan.

Von Anfang o, da steht scho fest,
was d'amoi mitmachst auf der Welt.
Und drum is wohl dös Allerbest:
Nimm's grad wia's kimmt – und sei koa Held.

So is'

Gestern no so herzlich g'lacht,
heit scho nimmer g'wes'n.
Morgen werd as Grab scho g'macht,
übermorg'n vergess'n.

Glaub'n möchst as net

Glaub'n möchst as net, wia d'Zeit vergeht.
Und wia ma mit der Zeit umgeht,
is oft a Sünd, wenn ma bedenkt,
was oam as Leb'n an Zeit no schenkt.

Kurz is dös Dasei, knapp die Zeit,
schnell is ma in der Ewigkeit.
Drum soll ma 's Leb'n leb'n, wo 's no geht,
denn morg'n, da is vielleicht scho z'spät.

's gibt sovui Schön's auf dera Welt,
brauchst oft bloß Zeit dazua, koa Geld.
Und denga muaß ma, daß' halt stimmt,
daß koa Stund jemals wiederkimmt.

Doch wia i d'Leit so kenn, moan i,
vui leb'n ihr Leb'n halt so dahi.
Vertean die Zeit, es is a Gfrett.
Is' net a so? Glaub'n möchst as net!

ERSCHIENEN BEI R. S. SCHULZ

JOSEF STEIDLE
So is as Lebn

96 Seiten · Leinen

ISBN 3-7962-0106-7

DM 9,80

Viele Freunde hat er sich mit seinem ersten Gedichtband „I sag's wia's is" bereits erobert. Und Leser wie Kritiker sind der gleichen Meinung: Josef Steidle sagt's „wia's is", und er sagt es trefflich. Dies gilt auch im selben Maße für sein zweites Buch „So is as Lebn". Ja, so is as Lebn, bestätigt man unwillkürlich, wenn man den vorliegenden Gedichtband gelesen hat.

Josef Steidle formuliert plastisch, humorvoll bis nachdenklich in unverfälschtem Bayerisch. In Oberföhring 1927 auf die Welt gekommen, ist er schon von Geburts wegen ein echter Kenner der münchnerischen Mentalität, ein genauer Beobachter mit viel Gespür, Gefühl und Takt. Wenn Josef Steidle übers „Hirnbatzl fürn Weps" oder „Vor ana großn Dreeglagga" schreibt, wenn er feststellt: „Öfter merkt ma's jetzt am Gringsten" oder erkennt: „'s Rechtschreibn hat an Deife", dann wird das Geschriebene zu einem „seelischen Fußbad", das einen erfrischt in der heutigen Hektik.